ORATHAY SOUKSISAVANH
FOTOS VON CHARLOTTE LASCÈVE

SUPER EINFACH

KOCHEN MIT 2 - 6 ZUTATEN

10 MINUTENGERICHTE

Librero

Inhalt

SALATE UND SUPPEN

WARME GERICHTE

FINGERFOOD

DESSERTS

Libanesisches Taboulé

In 10 Minuten vorbereitet

Ohne Kochen

Für 4 Personen

feiner Grieß
100 g

glatte Petersilie
× 2 Stiele

Zwiebel
× 1

reife Tomaten
× 2

Olivenöl
60 ml

große Bio-Zitrone
× 1

○ Die Petersilie waschen. Die Zwiebel fein schneiden, die Tomaten würfeln.

○ Mit dem Saft der Zitrone in eine Salatschüssel geben. Den Grieß, den Zitronensaft und das Olivenöl hinzugeben. Vermischen und ein paar Minuten abkühlen lassen.

○ Die Petersilie mit dem Hackmesser grob zerkleinern und dem Grieß hinzugeben. Salzen, pfeffern, vermischen.

○ 5 Minuten kühlstellen.

Taboulé mit Blumenkohl und Ananas

In 10 Minuten vorbereitet

Ohne Kochen

Für 4 Personen

kleiner Blumenkohl
× 1

Gurke
× ½

Ananas
× ½

Bio-Zitrone
× ½

Minze
× ½ Bund

Olivenöl
3 Esslöffel

- ○ Die Gurke und die Ananas in Würfel schneiden.
- ○ Den Blumenkohl waschen, die Röschen abschneiden und zerkleinern, um eine sämige Masse zu erhalten. Alle Zutaten vermischen.
- ○ Den Zitronensaft und die gehackte Minze hinzugeben, salzen und pfeffern.
- ○ Probieren und gegebenenfalls abschmecken.

Grießsalat

feiner Grieß
250g

Gurke
× 1

Dill
× 1 Bund

Feta
150 g

geräucherter Lachs
× 8 Scheiben

große Bio-Zitrone
× 1

 **In 10 Minuten vorbereitet**

 **1 Minute Kochzeit**

 **Für 4 Personen**

- Den Grieß in eine Schüssel geben, salzen und pfeffern. Mit kochendem Wasser (250 bis 300 ml) übergießen und 1 Minute in der Mikrowelle garen (600 W). Zur Seite stellen.
- Die Gurke waschen und in Würfel schneiden. Den Dill hacken.
- Den Zitronensaft in den Grieß pressen, die Kerne entfernen. Den Dill, die Gurke und den zerbröckelten Feta hinzugeben.
- Probieren, gegebenenfalls abschmecken. Mit dem Lachs servieren.

Panzanella

gemischte Tomaten
900 g

Bauernbrot
× 4 große Scheiben

Basilikum
× 1 Bund

Knoblauch
× 2 kleine Zehen

Olivenöl
50 ml

Sherry-Essig
3 Esslöffel

In 10 Minuten vorbereitet

Ohne Kochen

Für 4 Personen

- Die Tomaten in gleich große Stücke schneiden. In eine Salatschüssel geben. Den gepressten Knoblauch, das Öl und den Essig hinzugeben. Würzen.
- Das Brot leicht anrösten. In Würfel mit ca. 3 cm schneiden und diese zusammen mit den Basilikumblättern hinzugeben. Gut vermischen, sodass das Brot den Tomatensaft aufnehmen kann.
- Probieren und gegebenenfalls abschmecken.

Asiatischer Coleslaw

In 10 Minuten vorbereitet

6 Minuten Kochzeit

Für 4 Personen

Rotkohl
× ½ kleiner

Karotten
× 3

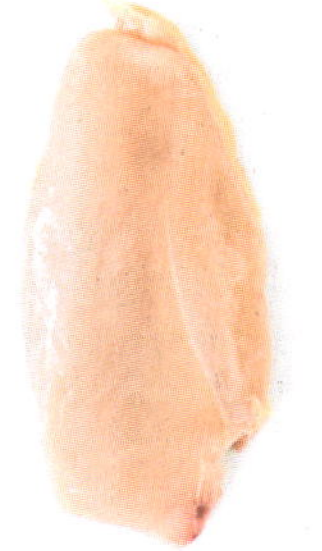

Hähnchenbrust
× 2

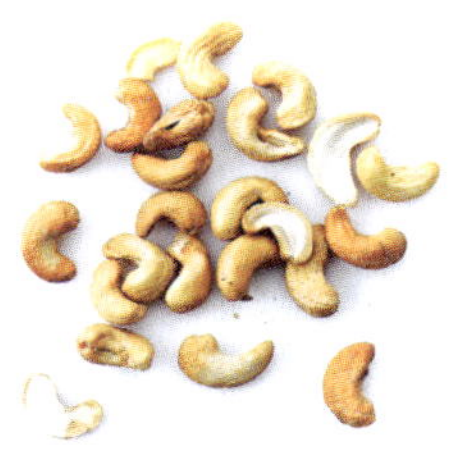

Cashew-Kerne
90g

Koriander
× 1 Bund

Chilisauce
4 Esslöffel

- Das Hähnchen in einen Topf mit Salzwasser geben. Aufkochen und 2 Minuten garen. Vom Herd nehmen und das Kochwasser aufbewahren.
- Das Gemüse waschen. Den Kohl und die Karotten fein raspeln. Den Koriander zupfen.
- Das Hähnchen abgießen und das Fleisch auslösen. Alle Zutaten vermischen, salzen.
- Probieren, gegebenenfalls abschmecken.

Salat mit Garnelen und Ananas

Garnelenschwänze, aufgetaut
250 g

Ananas
× ½

Schalotte
× 1

Nuoc-mâm
2 Esslöffel

Ingwer
20 g

Minze
× 6 Stiele

In 10 Minuten vorbereitet

5 Minuten Kochzeit

Für 2 bis 4 Personen

- Salzwasser in einem Topf aufkochen. Die Garnelen 2 Minuten darin kochen. Abgießen.
- Die Schalotte fein schneiden. Den Ingwer in Julienne-Streifen schneiden, die Ananas halbieren und dann in feine Scheiben schneiden.
- Alle Zutaten in einer Salatschüssel vermischen. Die gezupfte Minze hinzugeben. Probieren und gegebenenfalls abschmecken. Sofort verzehren, da dieser Salat nicht aufbewahrt werden kann.
- Cashew-Kerne hinzufügen, um den Salat knackiger zu machen.

Soba mit Erdnusssauce

In 10 Minuten vorbereitet

5 Minuten Kochzeit

Für 4 Personen

Soba
300 g

Rotkohl
× ½ kleiner

gemischter Blattsalat
200 g

Erdnussbutter
100 g

gezuckerte Sojasauce
4 Esslöffel

Bio-Zitrone
× 1

- ○ Den Kohl fein schneiden.
- ○ Die Soba-Nudeln nach den Packungsanweisungen kochen. 100 ml vom Kochwasser aufbewahren. Mit kaltem Wasser abspülen, abgießen.
- ○ Die Erdnussbutter, die Sojasauce und den Zitronensaft vermischen. Die Sauce mit dem zurückbehaltenen Kochwasser verdünnen.
- ○ Die Soba-Nudeln und das Gemüse vermischen, mit Sauce übergießen. Vermischen, probieren und gegebenenfalls abschmecken. Sofort servieren, weil die Soba-Nudeln nicht aufbewahrt werden können.

Reisnudeln mit Garnelen

In 10 Minuten vorbereitet

7 Minuten Kochzeit

Für 2 bis 4 Personen

Garnelenschwänze, aufgetaut
250 g

Soja-Reisnudeln
100 g

Gurke
× ½

Chilisauce
5 Esslöffel

Limette
× ½

Minze
x ½ Bund

- Salzwasser in einem Topf aufkochen. Die Garnelen 2 Minuten darin kochen. Mit einem Schaumlöffel aus dem Wasser nehmen. Abgießen und das Wasser zurückbehalten.
- Das Wasser aufkochen. Die Reisnudeln hinzugeben. Vom Herd nehmen, 4 Minuten ruhen lassen, dann abgießen.
- Die Gurke waschen und mit einem Sparschäler in Streifen schneiden. Alle Zutaten außer der Minze vermischen.
- Probieren und gegebenenfalls abschmecken. Mit der Minze servieren.

Spargel, Ei und Schinken

In 10 Minuten vorbereitet

10 Minuten Kochzeit

Für 4 Personen

grüner Spargel
× 2 Stangen

große Eier
× 4

Parmaschinken
× 8 dünne Scheiben

Parmesan am Stück
60 g

Balsamicoessig
4 Esslöffel

Olivenöl
5 Esslöffel

- Den harten Teil des Spargels entfernen. Salzwasser aufkochen, den Spargel 3 Minuten garen. Herausnehmen und in Eiswasser tauchen. Abgießen.
- Die Eier vorsichtig in bereits kochendes Wasser geben und 7 Minuten kochen. In kaltem Wasser abschrecken.
- Öl und Essig vermischen. Salzen, pfeffern.
- Den Spargel übergießen, mit Ei, Schinken und Parmesan servieren.

10

Karotten, Avocado und Orange

In 10 Minuten vorbereitet

7 Minuten Kochzeit

Für 4 Personen

junge Karotten
× 1 Bund

Avocado
× 2

Orangen
× 2

Olivenöl
3 Esslöffel

Limette
× 1

Koriander
× 1 Bund

- Den Grill vorheizen. Die Karotten schälen. Mit einem Sparschäler in feine Scheiben schneiden. Mit Öl, Salz und Pfeffer würzen, vermischen. Auf ein Blech legen. Für 10 Minuten in den Ofen geben, gelegentlich wenden.
- Die Orangen schälen und in Scheiben schneiden. Die Avocados achteln, den Koriander zupfen.
- Alle Zutaten vermischen, den Saft der Limette darübergießen.
- Probieren, gegebenenfalls abschmecken.

Salat, Birne und Roquefort

In 10 Minuten vorbereitet

Ohne Kochen

Für 4 Personen

Endivien
× 5

Radicchio
× 1

Birnen
× 2

Roquefort
200 g

Walnussöl
4 Esslöffel

Balsamicoessig
3 Esslöffel

- Den Strunk der Endivien und des Radicchios entfernen. Beschädigte Blätter entfernen. Die Endivien der Länge nach fein schneiden. Den Radicchio halbieren und dann fein schneiden. Die Birnen waschen, die Kerngehäuse entfernen und der Länge nach in Streifen schneiden.
- Öl und Essig vermischen, salzen und pfeffern. Den Roquefort zerkrümeln. Alle Zutaten vorsichtig vermischen. Probieren, gegebenenfalls abschmecken.
- Für einen verfeinerten Geschmack können Walnüsse oder Cranberries hinzugegeben werden.

Gurke, Schellfisch und Ahornsirup

In 10 Minuten vorbereitet

Ohne Kochen

Für 4 Personen

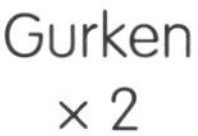

Gurken
× 2

geräucherter Schellfisch
× 8 Scheiben

grober Senf
1 Esslöffel

Ahornsirup
1 Esslöffel

Olivenöl
3 Esslöffel

kleine Bio-Zitrone
× 1

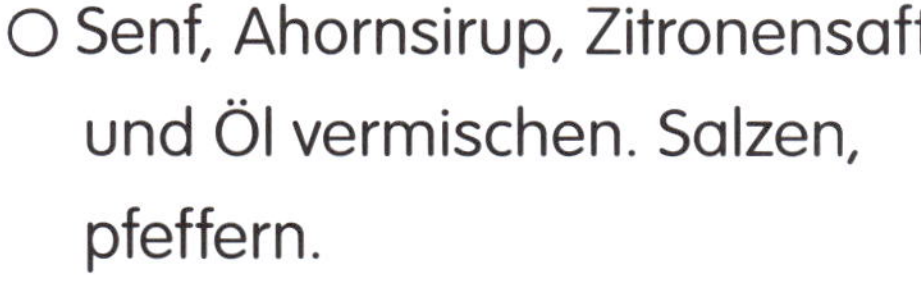

○ Senf, Ahornsirup, Zitronensaft und Öl vermischen. Salzen, pfeffern.

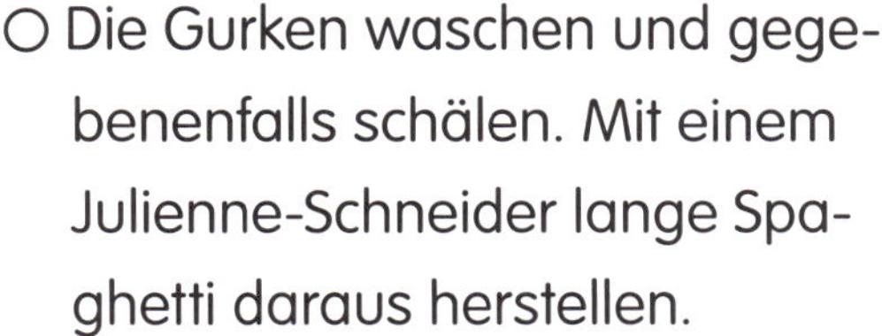

○ Die Gurken waschen und gegebenenfalls schälen. Mit einem Julienne-Schneider lange Spaghetti daraus herstellen.

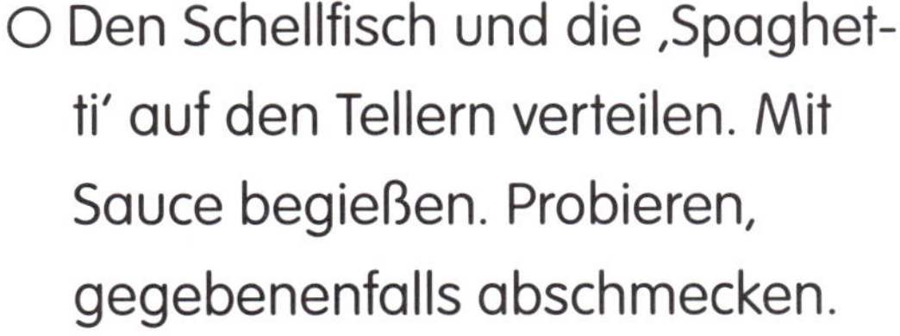

○ Den Schellfisch und die ‚Spaghetti' auf den Tellern verteilen. Mit Sauce begießen. Probieren, gegebenenfalls abschmecken.

○ Für ein gehaltvolleres Gericht Dill hinzugeben und mit Roggenbrot servieren.

Roher Thunfisch mit Hummus

In 10 Minuten vorbereitet

Ohne Kochen

Für 4 Personen

roher, roter Thunfisch
350 g

Hummus
4 große Esslöffel

Sojasauce
6 Esslöffel

Sesamöl
5 Esslöffel

Bio-Zitrone
× 1

gemischter Blattsalat
200g

- ○ Den Thunfisch in dünne Scheiben schneiden.
- ○ 4 Esslöffel Sojasauce und 2 Esslöffel Sesamöl darüberträufeln, Zesten von der Zitrone darüberstreuen. Vermischen, 5 Minuten warten.
- ○ Mit der restlichen Sojasauce, dem Öl und der Hälfte des Zitronensafts eine Vinaigrette herstellen.
- ○ Den Hummus auf den Tellern verteilen. Den Thunfisch darauflegen und mit dem mit der Vinaigrette übergossenen Blattsalat servieren.

Ceviche

In 10 Minuten vorbereitet

Ohne Kochen

Für 4 Personen

Kabeljaurücken
400g

rote Zwiebel
× ½

reife Avocado
× 1

Tomate
× 1

Limette
× 1

Koriander
× ½ Bund

- Die Zwiebel fein schneiden, die Tomate in Stücke schneiden, den Kabeljau und die Avocado in gleich große Würfel schneiden.
- Den gehackten Koriander, die Zesten der Limette und den Saft, Fleur de Sel und Pfeffer hinzugeben. Sofort servieren.
- Zum Auffrischen des Gerichts ein wenig Koriander hinzugeben.

Tatar von der Dorade mit Passionsfrucht

In 10 Minuten vorbereitet

Ohne Kochen

Für 4 Personen

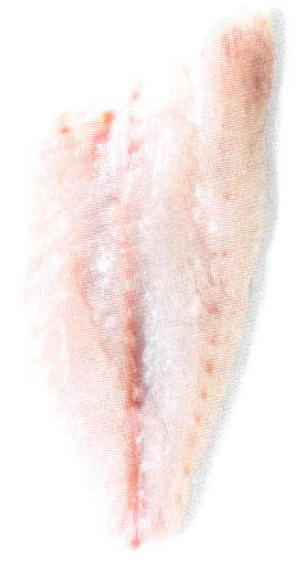

Doradenfilet
400 g

reife Mango
× ½

Passionsfrüchte
× 2

Basilikum
× 4 Stiele

Olivenöl
2 Esslöffel

- Die Gräten aus der Dorade entfernen. Den Fisch und die Mango in gleich große Würfel schneiden.
- Das grob gezupfte Basilikum, das Öl, die Passionsfrucht und Fleur de Sel hinzugeben.
- Vermischen und sofort servieren.

Asiatisches Rindertatar

In 10 Minuten vorbereitet

Ohne Kochen

Für 4 Personen

frisches Hacksteak
400 g

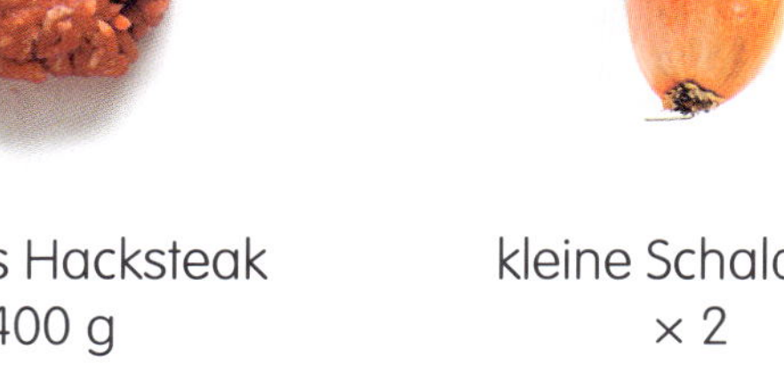

kleine Schalotten
× 2

Ingwer
60 g

Koriander
× ½ Bund

Sojasauce
5 Esslöffel

geröstetes Sesamöl
2 Esslöffel

- Den Ingwer und die Schalotten mit dem Messer fein hacken. Den Koriander zupfen.
- Mit dem Hackfleisch, der Sojasauce und dem Öl vermischen. Pfeffern. Probieren, gegebenenfalls abschmecken.
- Sofort servieren.

Erbsensuppe mit Minze

In 5 Minuten vorbereitet

10 Minuten Kochzeit

Für 4 Personen

TK-Erbsen
600 g

große Zwiebel
× 1

Brühwürfel nach Wahl
× 1

Büffelmozzarella
125 g

Minze
× 3 bis 4 Stiele

- Die Zwiebel schälen und fein schneiden. Mit den noch gefrorenen Erbsen in einen Topf geben. Den Brühwürfel und 750 ml Wasser hinzugeben. Für 10 Minuten leicht köchelnd garen.
- Prüfen, ob die Erbsen durch sind. Vom Herd nehmen, die Minze hinzugeben und pürieren. Probieren und gegebenenfalls abschmecken.
- Den Mozzarella vierteln. Auf Schalen verteilen und die sehr heiße Suppe darübergießen.

Karotte, Kokos und Ingwer

In 10 Minuten vorbereitet

10 Minuten Kochzeit

Für 4 Personen

TK-Karottenpüree
1 kg

große Zwiebel
× 1

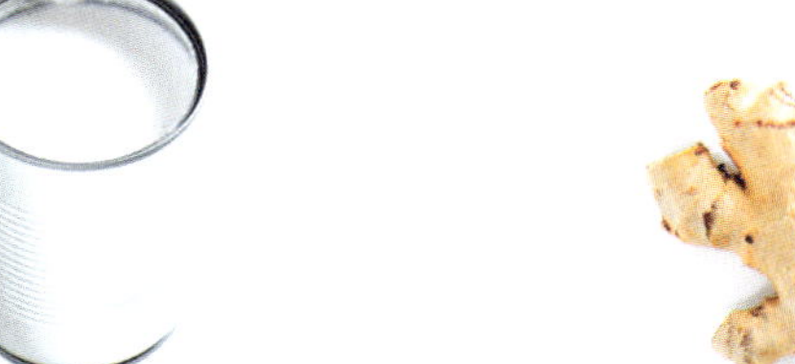

Kokosmilch
700 ml

Ingwer
80 g

Koriander
× ½ Bund

Kurkuma-Pulver
1 Esslöffel

- Die Zwiebel fein schneiden, den Ingwer reiben.
- Alle Zutaten bis auf den Koriander und den Kurkuma in einen Topf geben. Würzen, aufkochen und 10 Minuten garen.
- Mit dem Kurkuma vermischen. Probieren, gegebenenfalls abschmecken.
- Mit dem gezupften Koriander servieren. Um eine weniger dicke Suppe zu erhalten, 150 ml Wasser hinzugeben.

Gelbes Gazpacho

reife, gelbe Tomaten
800 g

Ananas
× ½

Olivenöl
× 2 Esslöffel

 **In 10 Minuten vorbereitet**

 **Ohne Kochen**

 **Für 4 Personen**

- Die Tomaten waschen und die Haut entfernen, die leicht abzuziehen sein sollte. Die Tomaten und die Ananas in gleich große Stücke schneiden.
- Im Mixer mit dem Olivenöl pürieren. Mit Fleur de Sel würzen.
- Für eine elegantere und würzigere Variante etwas Safran hinzugeben.

20

Weisses Gazpacho

In 10 Minuten vorbereitet

Ohne Kochen

Für 4 Personen

Mandeln, geschält
200 g

Kastenbrot
100 g

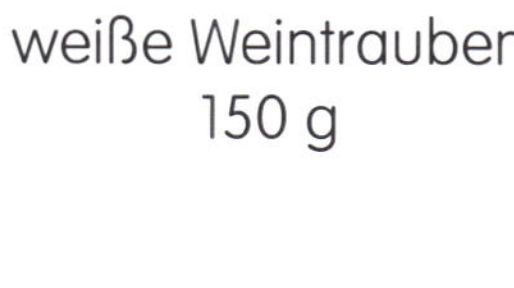

weiße Weintrauben
150 g

Knoblauch
× 2 Zehen

Olivenöl
150 ml

Sherry-Essig
3 Esslöffel

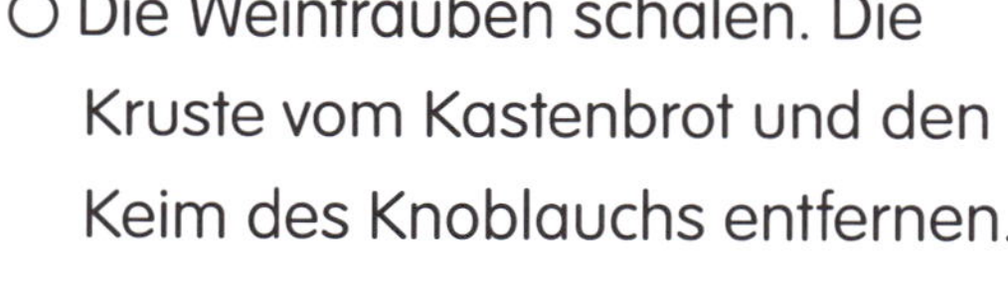

- Die Weintrauben schälen. Die Kruste vom Kastenbrot und den Keim des Knoblauchs entfernen.
- Ein paar Mandeln zurückbehalten und alle restlichen Zutaten in einen Mixer geben. 400 ml Wasser hinzugeben, würzen und zu einer glatten Masse pürieren.
- Probieren, gegebenenfalls abschmecken und mit den restlichen Mandeln servieren.

Grünes Gazpacho

In 10 Minuten vorbereitet

Ohne Kochen

Für 4 Personen

Gurken
× 2

reife Avocado
× 2

Zwiebel
× 1

Koriander
× 1 kleiner Bund

Limetten
× 1 bis 2

grüne Paprika
× 1

- Den Koriander waschen und zupfen. Die Gurken schälen, die Kerne mit einem Löffel entfernen. Die Gurke, die Zwiebel und die Paprika in große Stücke schneiden.
- Etwas Koriander zum Servieren zurückbehalten. Alle restlichen Zutaten in einen Mixer geben. Den Saft der Limetten hinzugeben. Würzen, pürieren.
- Probieren und gegebenenfalls abschmecken.
- Für eine würzigere Variante etwas grünen Chili hinzugeben.

Maronensuppe

In 10 Minuten vorbereitet

10 Minuten Kochzeit

Für 4 Personen

Maronen im Glas
400 g

große Zwiebel
× 1

Geflügel- oder
Gemüsebrühe
× 1 Würfel

Milch
700 ml

Champignons
400 g

Schnittlauch
× 1 Bund

- Die gewaschenen Champignons und die Zwiebel fein schneiden.
- Alle Zutaten bis auf den Schnittlauch in einen Schmortopf geben. 500 ml Waser hinzugeben. Aufkochen und 10 Minuten garen.
- Pürieren, probieren und gegebenenfalls abschmecken.
- Mit dem geschnittenen Schnittlauch servieren.

Saltimbocca

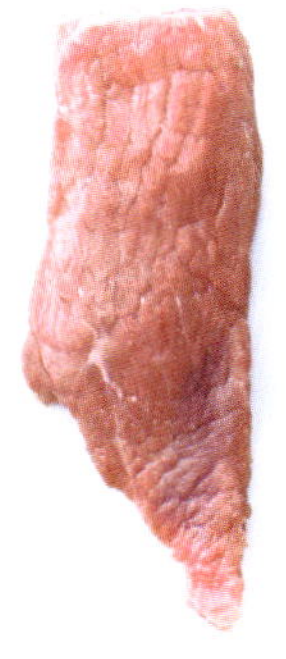

Kalbsschnitzel
× 2 zu je 120 g

Parmaschinken
× 4 dünne Scheiben

Salbei
× 4 Blätter

Weißwein
80 ml

Olivenöl
2 Esslöffel

Butter
50 g

 **In 10 Minuten vorbereitet**

 **8 Minuten Kochzeit**

 **Für 4 Personen**

- Mit einer Walze die Schnitzel zwischen 2 Blatt Backpapier sehr dünn klopfen. In vier Stücke schneiden.
- Mit einem Zahnstocher eine Scheibe Schinken und ein Blatt Salbei an jedem Schnitzel befestigen.
- Die Schnitzel in heißem Öl anbraten. Herausnehmen, das Fett abtropfen lassen, den Wein hinzugeben und 2 Minuten bei starker Hitze einreduzieren.
- Die in Würfel geschnittene Butter unter Rühren hinzugeben. Die Schnitzel 30 Sekunden wieder in die Zubereitung legen, um sie wieder zu erwärmen.

OPINEL
INOX

Schnitzel à la Normande

In 10 Minuten vorbereitet

10 Minuten Kochzeit

Für 4 Personen

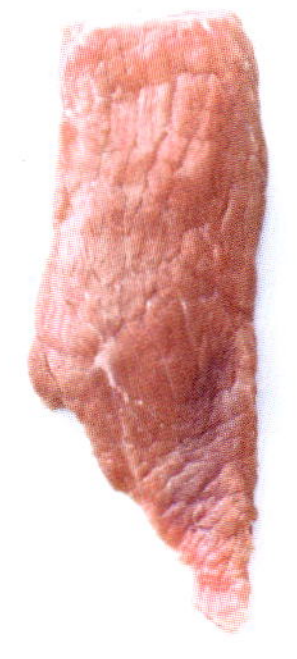

Kalbsschnitzel
× 4 zu je 100 g

Champignons
250 g

Crème fraîche
250 ml

Tagliatelle
200g

Weißwein
100 ml

Pflanzenöl
2 Esslöffel

- Die Champignons waschen und fein schneiden. Die Schnitzel würzen und in heißem Öl anbraten. Herausnehmen.
- Die Champignons und den Wein hinzugeben. 1 Minute bei starker Hitze einreduzieren lasse. Die Crème fraîche hinzugeben, 5 Minuten einreduzieren lassen.
- Gleichzeitig die Nudeln kochen. Die Schnitzel in der Sauce erwärmen. Die Nudeln abgießen und mit der Sauce vermischen.

Keftedes

In 10 Minuten vorbereitet

8 Minuten Kochzeit

Für 2 bis 4 Personen

Hacksteak
300 g

Kastenbrot
60 g

Milch
100 ml

Zwiebel
× 1

Minze
× 1 kleiner Bund

Olivenöl
3 Esslöffel

- Das Brot in der Milch einweichen. Die Zwiebel fein schneiden, die Minze grob hacken.
- Mit dem Fleisch und dem abgetropften Kastenbrot vermischen. Großzügig würzen.
- Hackbällchen formen. 8 Minuten im heißen Öl in der Pfanne von allen Seiten anbraten.
- Mit Zaziki und Pita und/oder libanesischem Taboulé servieren.

Tagliata

In 5 Minuten vorbereitet

6 Minuten Kochzeit

Für 4 Personen

Rinderkeule
500 g (Oberschale)

Rucola
300 g

Kirschtomaten
250 g

Balsamicoessig
4 Esslöffel

Olivenöl
4 Esslöffel

Parmesan
80 g

- ○ Die Hälfte des Öls in einer Pfanne erhitzen. Das Fleisch würzen und etwa 3 Minuten von jeder Seite anbraten.
- ○ Mit dem restlichen Öl und dem Essig eine Vinaigrette herstellen, salzen und pfeffern.
- ○ Das Fleisch in Scheiben schneiden, die Kirschtomaten halbieren.
- ○ Das Fleisch mit dem Rucola, den Tomaten, dem Parmesan in Stücken und mit Vinaigrette beträufelt servieren.

Rinderbraten mit Gemüse

In 10 Minuten vorbereitet

5 Minuten Kochzeit

Für 2 bis 4 Personen

Rinderkeule
250 g (Oberschale)

Zuckererbsen
250 g

große Champignons
× 4

Knoblauch
× 4 Zehen

Pflanzenöl
4 Esslöffel

Sojasauce
3 Esslöffel

- Das Rindfleisch fein schneiden, mit 2 Esslöffeln Sojasauce vermengen. Das Gemüse waschen, die Champignons in Scheiben schneiden. Den Knoblauch fein schneiden.

- Das Öl in einem Wok erhitzen. Den Knoblauch anschwitzen, dann das Gemüse und die restliche Sojasauce hinzugeben. Großzügig salzen und 2 Minuten bei Rühren garen.

- Das Fleisch hinzugeben. 30 Sekunden bei Rühren garen.

- Zu diesem Gericht kann Thai-Reis serviert werden.

Curry mit Hähnchen und Mango

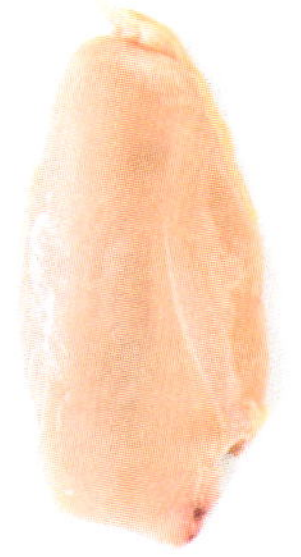

Hähnchenbrust
500 g

große Mango,
nicht zu reif
× 1

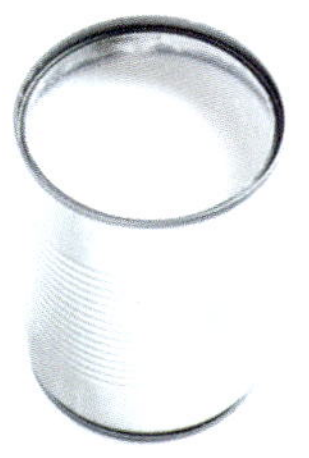

Kokosmilch
400 ml

grüne Thai-Currypaste
1 Esslöffel

Limette
× 1

Koriander
× 1 Bund

In 10 Minuten vorbereitet

8 Minuten Kochzeit

Für 4 Personen

○ Das Hähnchen in Streifen schneiden. Die Mango schälen und in gleich große Stücke schneiden.

○ Die Currypaste in der Kokosmilch verrühren, salzen, das Hähnchen hinzugeben. Zudecken, 7 Minuten garen. Die Mango hinzugeben, vermischen und 1 Minute garen.

○ Zesten von der Limette und etwas Saft hinzugeben. Probieren und gegebenenfalls abschmecken. Die Korianderblätter hinzugeben.

○ Zu diesem Gericht kann Reis, Grieß oder Quinoa serviert werden.

Ente im Wok

In 10 Minuten vorbereitet

7 Minuten Kochzeit

Für 4 Personen

Entenstreifen
300 g

große Champignons
× 8

breite Bohnen
250 g

neutrales Öl
4 Esslöffel

Knoblauch
× 5 Zehen

gezuckerte Sojasauce
3 Esslöffel

- ○ Das Gemüse waschen. Den Knoblauch fein schneiden oder pressen. Die Champignons in 6 oder 8 Teile schneiden, die Bohnen in mundgerechte Stücke von 2 bis 3 cm schneiden.
- ○ Das Öl in einem Schmortopf oder in einem Wok erhitzen. Das Gemüse mit dem Knoblauch 2 Minuten lang anschwitzen. Die Sauce hinzugeben, 3 Minuten garen.
- ○ Die Ente hinzugeben und weitere 2 Minuten garen.
- ○ Pfeffern. Probieren, gegebenenfalls abschmecken.

STAUB
STAUB

Puten-Curry

In 10 Minuten vorbereitet

10 Minuten Kochzeit

Für 4 Personen

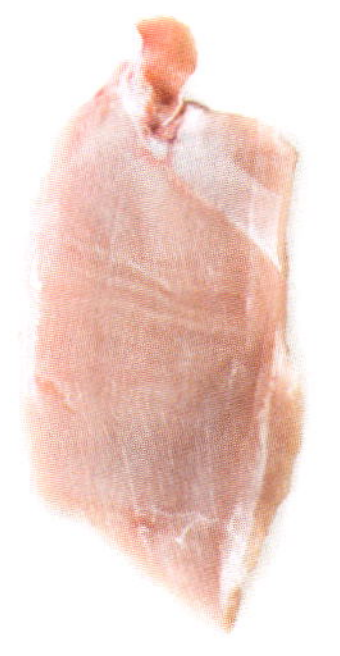

Putenschnitzel
500 g

Korallenlinsen
120 g

Blattspinat
150 g

Süßkartoffel
400 g

Kokosmilch
500 ml

Currypulver
2 Esslöffel

- Die Süßkartoffel schälen und in Würfel schneiden. Das Putenschnitzel in gleich große Stücke schneiden.
- Die Kokosmilch in einen Schmortopf gießen. 200 ml Wasser, den Curry, die Linsen und die Süßkartoffel hinzugeben. 5 Minuten zugedeckt garen.
- Das Putenfleisch hinzugeben, salzen, 5 Minuten garen, gelegentlich umrühren.
- Vom Herd nehmen und den Spinat hinzugeben. Vermischen, probieren, gegebenenfalls abschmecken.

Hähnchen mit Senf

In 5 Minuten vorbereitet

10 Minuten Kochzeit

Für 4 Personen

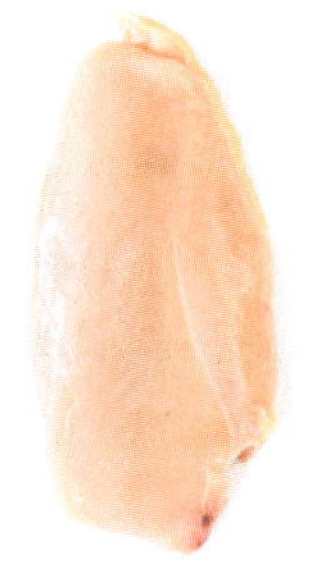

Hähnchenbrust
400 g

Crème fraîche
400 ml

grober Senf
2 große Esslöffel

Weißwein
50 ml

Olivenöl
2 Esslöffel

Blattspinat
300 g

- Das Hähnchen in Streifen schneiden. Würzen.
- In einem Bräter mit dem Öl anbraten. Mit Weißwein ablöschen und 1 Minute einreduzieren lassen. Den Senf und die Sahne hinzugeben. 7 Minuten einreduzieren lassen.
- Vom Herd nehmen, den Spinat hinzugeben. Vermischen, probieren und gegebenenfalls abschmecken.
- Zu diesem Gericht kann Reis serviert werden.

Schweinefleisch mit Ingwer im Wok

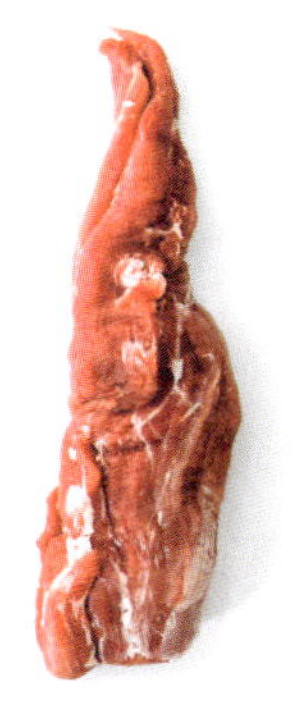

Schweinefiletspitzen
350 g

grüner Spargel
× 1 Bund

In 10 Minuten vorbereitet

8 Minuten Kochzeit

Für 4 Personen

Karotten
× 2

Ingwer
100 g

gezuckerte Sojasauce
3 Esslöffel

neutrales Öl
3 Esslöffel

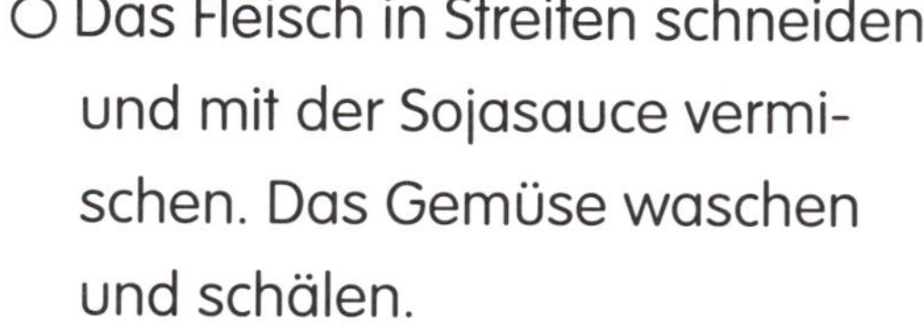

○ Das Fleisch in Streifen schneiden und mit der Sojasauce vermischen. Das Gemüse waschen und schälen.

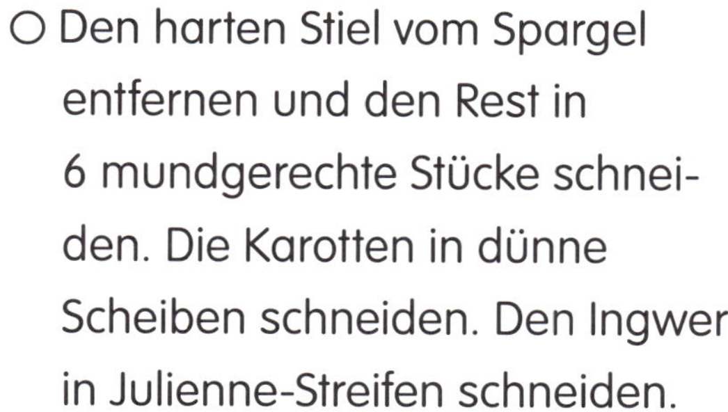

○ Den harten Stiel vom Spargel entfernen und den Rest in 6 mundgerechte Stücke schneiden. Die Karotten in dünne Scheiben schneiden. Den Ingwer in Julienne-Streifen schneiden.

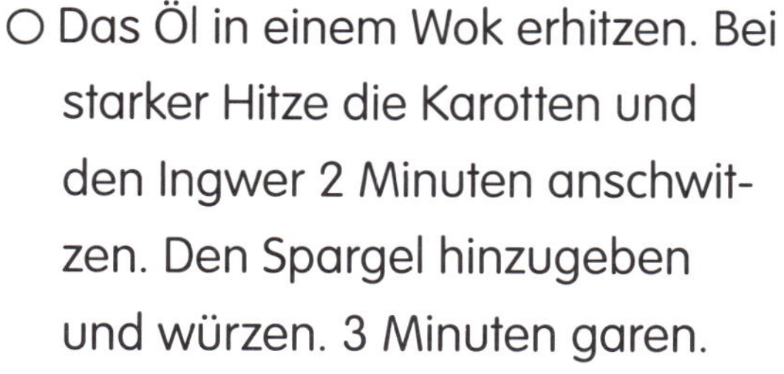

○ Das Öl in einem Wok erhitzen. Bei starker Hitze die Karotten und den Ingwer 2 Minuten anschwitzen. Den Spargel hinzugeben und würzen. 3 Minuten garen.

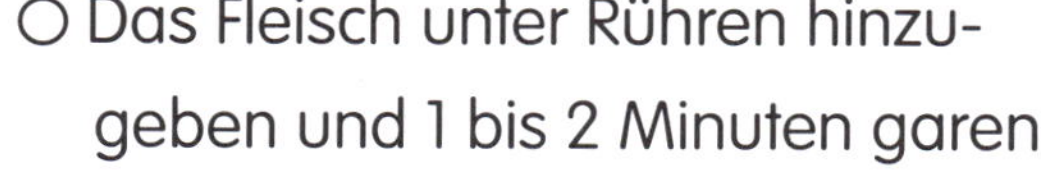

○ Das Fleisch unter Rühren hinzugeben und 1 bis 2 Minuten garen.

Gebratenes Hähnchen mit Gemüse

In 10 Minuten vorbereitet

8 Minuten Kochzeit

Für 4 Personen

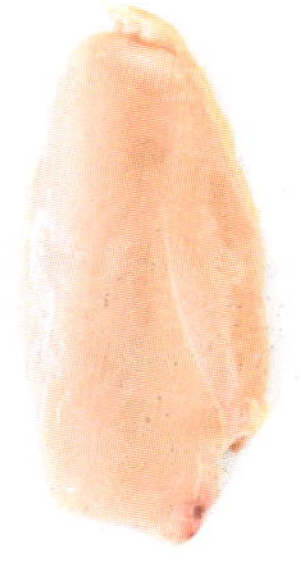

Hähnchenbrust
× 2

kleiner Brokkoli
× 1

Kirschtomaten
250 g

große Zucchini
× 1

Knoblauch
× 5 Zehen

Olivenöl
4 Esslöffel

- ○ Das Gemüse waschen. Die Brokkoli-Röschen halbieren oder vierteln. Die Zucchini der Länge nach halbieren, dann in mundgerechte Stücke schneiden. Den Knoblauch fein schneiden. Das Hähnchen in Streifen schneiden und würzen.
- ○ Das Öl in einem Schmortopf erhitzen. Den Knoblauch anschwitzen, dann das Gemüse hinzugeben. Würzen, 3 Minuten garen.
- ○ Das Hähnchen und etwas Wasser hinzugeben. 4 bis 5 Minuten bei regelmäßigem Rühren garen.
- ○ Probieren, gegebenenfalls abschmecken.

Hähnchen à la Hasselback

In 10 Minuten vorbereitet

10 Minuten Kochzeit

Für 4 Personen

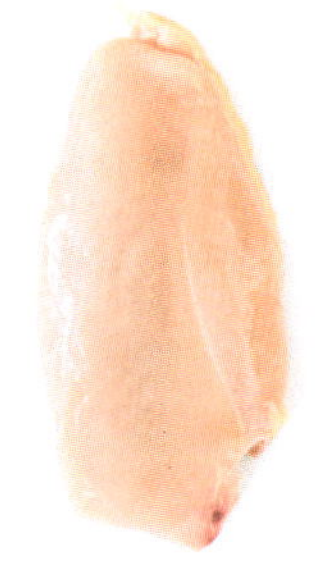

Hähnchenbrust
× 2 große

Mozzarella
250 g

eingelegte Tomaten
× 16 Stücke

Basilikum
× ½ Bund

- ○ Den Ofen auf 220 °C vorheizen. Die Hähnchenbrust halbieren, um dünne Schnitzel zu erhalten.
- ○ Entlang der Länge gleichmäßig einschneiden, auf ein Blech legen und würzen.
- ○ Den Mozzarella in Scheiben schneiden, die Tomaten gegebenenfalls halbieren. In die Einschnitte jeweils ein Stück Tomate und eine Scheibe Mozzarella schieben.
- ○ Mit etwas Öl von den Tomaten bepinseln. Für 10 Minuten in den Ofen geben. Mit dem Basilikum servieren.

Schweinefleisch, Fenchel und Mascarpone

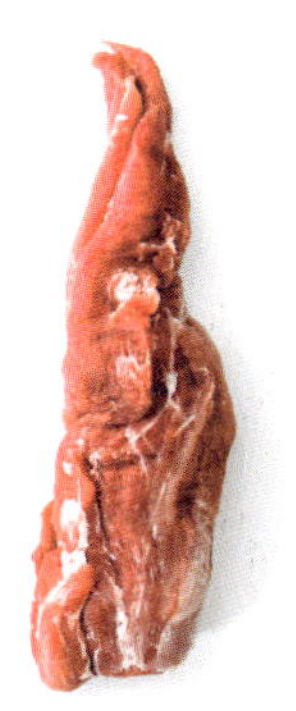

Schweinefiletspitzen
400 g

Fenchel
× 3

Kirschtomaten
250 g

Mascarpone
100 g

Olivenöl
3 Esslöffel

Thymian
× 3 Stiele

 **In 10 Minuten vorbereitet**

 **10 Minuten Kochzeit**

 **Für 4 Personen**

- Das Gemüse waschen. Den Fenchel fein schneiden. Das Fleisch in 1 cm dicke Scheiben schneiden, würzen.
- Das Öl in einem Schmortopf erhitzen. Das Fleisch 30 Sekunden von jeder Seite anbraten. Zur Seite stellen.
- Den Fenchel, die Tomaten, den Thymian und 50 ml Wasser hinzugeben. Würzen, zugedeckt 6 Minuten garen.
- Den Mascarpone und das Fleisch hinzugeben, 2 bis 3 Minuten bei regelmäßigem Rühren garen. Gegebenenfalls Wasser hinzugeben, abschmecken.

Kalbsbratwurst mit Gemüse

 **In 10 Minuten vorbereitet**

 **10 Minuten Kochzeit**

 **Für 4 Personen**

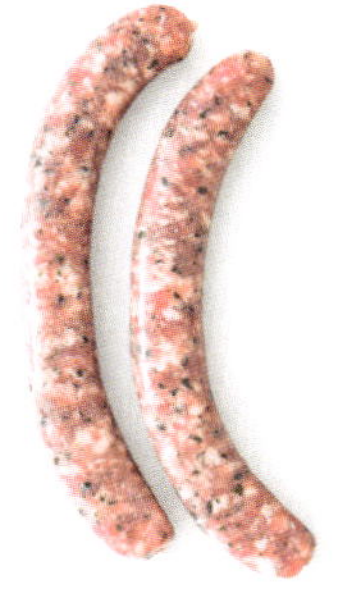

Chipolatas
× 8

weiße Bohnen
aus der Dose
600 g

Kirschtomaten
250 g

Brokkoli
× 1

Olivenöl
3 Esslöffel

Knoblauch
× 4 Zehen

- Den Ofengrill vorheizen. Das Gemüse waschen. Die Brokkoli-Röschen halbieren oder vierteln. Den Knoblauch pressen. Die Bohnen abspülen und abgießen.
- Die Chipolatas 10 Minuten auf einem Blech garen.
- Das Öl in einem Schmortopf erhitzen, den Knoblauch anschwitzen, dann den Brokkoli, die Tomaten und 50 ml Wasser hinzugeben. Würzen, 5 Minuten garen.
- Die Bohnen hinzugeben. Umrühren und weitere 2 bis 3 Minuten garen lassen. Mit den Chipolatas servieren.

Spaghetti mit Zucchini

Zucchini
× 5

Garnelenschwänze, aufgetaut
400 g

Kirschtomaten
250 g

Knoblauch
× 3 Zehen

Olivenöl
4 Esslöffel

Basilikum
× 1 Bund

 **In 10 Minuten vorbereitet**

 **6 Minuten Kochzeit**

 **Für 4 Personen**

- ○ Die Garnelen abspülen, abgießen und würzen. Das Gemüse waschen. Aus den Zucchini mit einem Julienne-Schneider oder einem Sparschneider Spaghetti herstellen.
- ○ Das Öl in einem Schmortopf erhitzen, den gepressten Knoblauch bei starker Hitze anschwitzen. Die Tomaten hinzugeben, würzen und 3 Minuten garen.
- ○ Die Zucchini und die Garnelen hinzugeben. Umrühren und etwa 2 Minuten garen lassen.
- ○ Vom Herd nehmen, das Basilikum hinzugeben.

Lachs und Erbsenpüree

In 5 Minuten vorbereitet

8 Minuten Kochzeit

Für 4 Personen

Lachsstücke
× 4 zu je 150 g

TK-Erbsen
600 g

Zwiebel
× 1

Brühwürfel nach Wahl
× 1

gezuckerte Sojasauce
5 Esslöffel

Wasabi aus der Tube
1 Teelöffel

- Die fein geschnittene Zwiebel, den Brühwürfel, die Erbsen und 600 ml Wasser in einen Schmortopf geben. Aufkochen und 8 Minuten garen.
- Gleichzeitig den Lachs 5 Minuten auf einem beschichteten Blech unter dem Grill garen.
- Die Erbsen abgießen, etwas Kochwasser zurückbehalten. Mit dem Wasabi pürieren. Probieren, abschmecken. Mit dem Lachs servieren.

Pochierter Lachs mit Zaziki

 **In 10 Minuten vorbereitet**

 **5 Minuten Kochzeit**

 **Für 4 Personen**

Lachsstücke
× 4 zu je 150 g

große Gurke
× 1

griechischer Joghurt
× 2 Becher zu je 170 g

Knoblauch
× 2 Zehen

Olivenöl
2 Esslöffel

Minze
× ½ Bund

- Den Lachs in einen Topf mit Salzwasser geben. Aufkochen, vom Herd nehmen, den Lachs im Wasser lassen.
- Die Gurke schälen, mit einem Sparschäler Streifen oder dünne Scheiben schneiden.
- Den Knoblauch pressen, mit dem Joghurt vermischen. Würzen, die gehackte Minze und das Olivenöl hinzugeben. Probieren, gegebenenfalls abschmecken.
- Den Lachs auf Küchenpapier abtropfen lassen, mit dem Zaziki servieren.

Kabeljau mit Chorizo-Kruste

In 10 Minuten vorbereitet

10 Minuten Kochzeit

Für 4 Personen

Kabeljaustücke
× 4 zu je 150 g

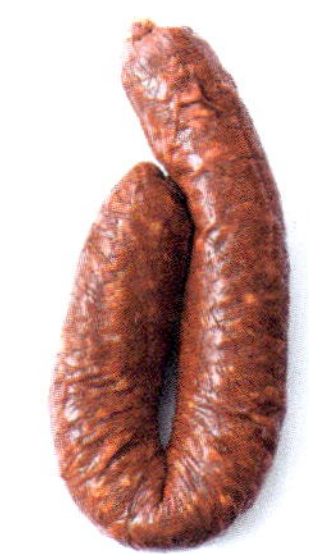

scharfe Chorizo
70 g

Paniermehl
40 g

Zucchini
× 4

Olivenöl
3 Esslöffel

Bio-Zitrone
× 1

- Den Ofen auf 230 °C vorheizen. Die Zucchini waschen, mit einem Sparschäler in feine Streifen schneiden. Mit dem Öl vermischen, würzen und auf ein Blech legen.
- Die Chorizo in Stücke schneiden und mit dem Paniermehl vermengen.
- Die Kabeljaustücke auf das Blech legen. Mit dem Chorizo-Crumble bedecken. 10 Minuten garen, nach der halben Garzeit wenden und die Zucchini umrühren.
- Mit Zitronenzesten auf den Zucchini servieren.

Nudeleintopf mit Thunfisch

In 10 Minuten vorbereitet

10 Minuten Kochzeit

Für 4 Personen

Penne
250 g

Tomatenmark
70 g

kleine, kandierte Zitrone
× 1

Thunfisch in Öl
220 g

frische Harissa
1 großer Esslöffel

Koriander
× ½ Bund

- Die Zitrone (wahlweise Zitronat) in Würfel schneiden. Den Koriander waschen und zupfen.
- Die Nudeln, das Tomatenmark, die Zitrone, die Harissa und 4 Esslöffel Öl vom Thunfisch in eine große Pfanne oder in einen Schmortopf geben. 700 ml Wasser und ½ Teelöffel Salz hinzugeben. Aufkochen, umrühren.
- Die Hitze herunterdrehen und 8 bis 10 Minuten zugedeckt bei regelmäßigem Rühren garen.
- Gegebenenfalls abschmecken. Mit dem Koriander servieren.

Nudeleintopf mit Schinken

In 5 Minuten vorbereitet

2 Minuten Ruhezeit
7 Minuten Kochzeit

Für 2 bis 4 Personen

Hörnchennudeln
250 g

Butter
50 g

Comté
150 g

Kochschinken
× 4 Scheiben

- Den Schinken in Würfel schneiden, den Comté reiben.
- Die Nudeln, die Butter, 600 ml Wasser und ½ Teelöffel Salz in einen großen Bräter geben. Pfeffern, aufkochen. Die Hitze herunterdrehen und 7 Minuten bei regelmäßigem Rühren garen.
- Vom Herd nehmen, den Comté und den Schinken hinzugeben. Zudecken, 2 Minuten warten, umrühren. Gegebenenfalls abschmecken.

Spätzle mit Speckstreifen und Münsterkäse

In 10 Minuten vorbereitet

8 Minuten Kochzeit
2 Minuten Ruhezeit

Für 4 bis 6 Personen

Spätzle
400 g

Speckstreifen
150 g

große Champignons
× 4

Zucchini
× 1

Crème fraîche
250 ml

Münsterkäse mit Kümmel
100 g

- Das Gemüse waschen. Die Zucchini der Länge nach vierteln, dann fein schneiden. Die Champignons fein schneiden. Den Münsterkäse in Streifen schneiden, die Kruste entfernen.
- Die Speckstreifen, die Spätzle und das Gemüse in einer großen Pfanne 5 Minuten bei starker Hitze anbraten. Die Sahne hinzugeben und 3 Minuten garen.
- Vom Herd nehmen, den Münsterkäse hinzugeben. Zudecken, 2 Minuten warten.
- Umrühren und sofort servieren.

Spaghetti mit Taramas

Spaghetti
250 g

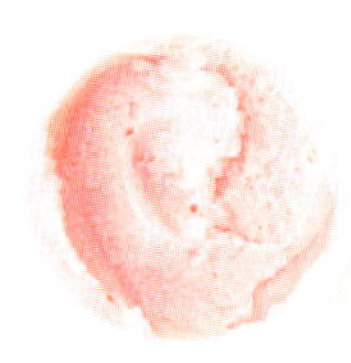

Taramapaste
150 g

Forellenkaviar
90 g

Schnittlauch
× 1 Bund

Bio-Zitrone
× ½

In 5 Minuten vorbereitet

10 Minuten Kochzeit

Für 4 Personen

- Den Schnittlauch mit der Schere schneiden.
- Die Taramapaste und einen Schuss Zitronensaft in einer Schüssel vermischen.
- Die Spaghetti in viel Salzwasser bissfest kochen. Abgießen.
- Die Nudeln in der Taramapaste vermischen, pfeffern. Mit dem Schnittlauch und dem Forellenkaviar servieren.

Express-Kantonreis

In 5 Minuten vorbereitet

7 Minuten Kochzeit

Für 4 bis 6 Personen

vorgekochter Basmatireis
500 g

neutrales Öl
4 Esslöffel

Eier
× 5

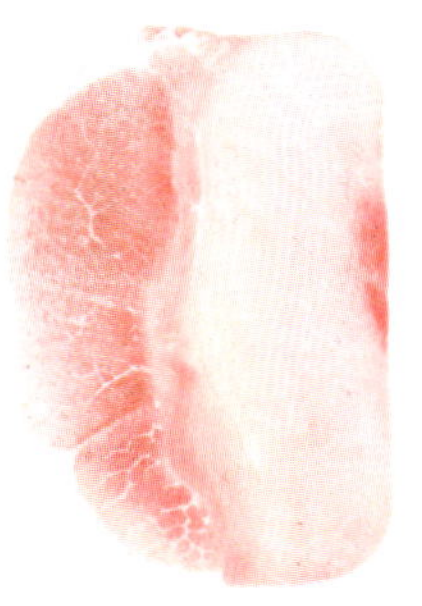

Kochschinken
× 4 Scheiben

TK-Erbsen
170 g

Sojasauce
3 Esslöffel

- Den Schinken in Würfel schneiden. Den Reis auflockern und mit der Sojasauce vermischen.
- Die Hälfte des Öls in einem Schmortopf erhitzen. Die Eier aufschlagen, 1 bis 2 Minuten garen und dann verrühren.
- Den Reis und das restliche Öl hinzugeben, pfeffern. Bei starker Hitze 3 Minuten sprudelnd kochen.
- Den Schinken und die noch gefrorenen Erbsen hinzugeben. 2 Minuten weiterkochen lassen. Probieren, abschmecken.

Gefülltes Omelette

In 10 Minuten vorbereitet

10 Minuten Kochzeit

Für 2 bis 4 Personen

Eier
× 6

neutrales Öl
3 Esslöffel

große Champignons
× 4

Blattspinat
100 g

Cantal
80 g

roher Schinken
× 2 Scheiben

- Die Champignons waschen und vierteln. Den Cantal reiben. Den Schinken in Stücke schneiden.
- Die Eier mit dem Cantal aufschlagen, pfeffern.
- Die Hälfte des Öls in einer Pfanne erhitzen. Die Champignons bei starker Hitze 4 Minuten anbraten. Die Hitze herunterdrehen, den Spinat hinzugeben, umrühren.
- Die Eier darübergießen, nach Geschmack garen, dabei immer wieder umrühren. Vom Herd nehmen, den Schinken hinzugeben.

Baskische Eier

 **In 10 Minuten vorbereitet**

 **10 Minuten Kochzeit**

 **Für 2 Personen**

Eier
× 4

Olivenöl
2 Esslöffel

grüne Paprika
× 1

Kirschtomaten
200 g

kleine Zwiebel
× 1

Chorizo
60 g

- ○ Das Gemüse waschen. Die Zwiebel und die Paprika fein schneiden. Die Chorizo in Scheiben schneiden, die Tomaten halbieren.
- ○ Das Öl in einer Pfanne erhitzen. Das Gemüse und die Chorizo hinzugeben, würzen. 5 Minuten bei regelmäßigem Rühren garen.
- ○ Die Hitze herunterdrehen und die Eier aufschlagen und darübergeben. Zudecken und 5 Minuten langsam garen.

48

Ziegenkäse, Feige und Schinken

In 5 Minuten vorbereitet

10 Minuten Kochzeit

Für 4 Personen

Bauernbrot
× 4 große Scheiben

Ziegenkäse mit Asche
× 1

frische Feigen
× 4 bis 6

Parmaschinken
× 4 Scheiben

Honig
2 Teelöffel

Rucola
60 g

- Den Ofen auf 220 °C vorheizen. Die Feigen waschen und in Scheiben schneiden. Den Ziegenkäse in Scheiben schneiden.
- Abwechselnd Käse und Feigen auf das Brot legen. Leicht würzen, mit Honig beträufeln. Für 8 bis 10 Minuten in den Ofen geben.
- Den Schinken auf den warmen Ziegenkäse schieben.
- Mit dem Rucola, einem Schuss Öl und nach Geschmack mit Balsamicoessig servieren.

Reblochon, Bündnerfleisch und Frisée

In 5 Minuten vorbereitet

5 Minuten Kochzeit

Für 4 Personen

Bauernbrot
× 4 große Scheiben

Reblochon
× 1

Bündnerfleisch
× 8 dünne Scheiben

Frisée
80 g

Weinessig
1 Esslöffel

Olivenöl
1 Esslöffel

- ○ Den Ofen auf 220 °C vorheizen.
- ○ Öl und Essig vermischen, würzen und aufbewahren. Den Reblochon in Streifen schneiden, die Kruste entfernen. Das Bündnerfleisch in Würfel schneiden.
- ○ Den Reblochon auf die Brotscheiben verteilen. Für 4 bis 5 Minuten in den Ofen geben.
- ○ Das Bündnerfleisch auf die warmen Brote legen. Mit gemischtem Frisée mit Vinaigrette servieren.

Avocado-Toast

Körnerbrot
× 8 Scheiben

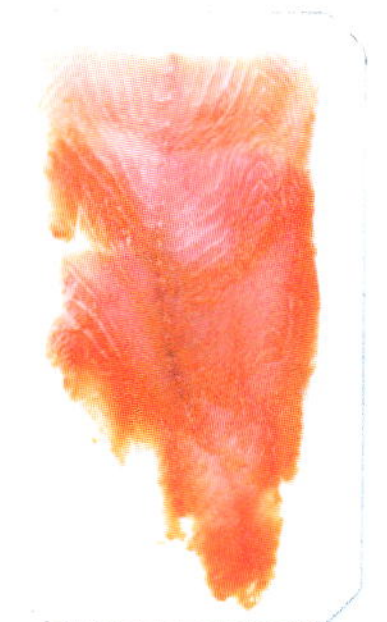

geräucherter Lachs
× 8 Scheiben

Keimlinge
75 g

große, reife Avocados
× 3

Limette
× 1

Gurke
× ½

 **In 5 Minuten vorbereitet**

 **5 Minuten Kochzeit**

 **Für 4 Personen**

- ○ Den Ofengrill vorheizen. Das Fleisch der Avocados herausheben. Mit der Gabel und mit dem Saft der Limette zerdrücken. Würzen.
- ○ Die Gurke mit einem Sparschäler in dünne Streifen schneiden.
- ○ Die Brotscheiben auf ein Blech legen und 5 Minuten in den Ofen geben. Darauf achten, dass sie nicht zu dunkel werden.
- ○ Die Avocado auf die Brote verteilen. Die Gurke und anschließend eine Scheibe Räucherlachs hinzugeben. Mit Keimlingen bestreuen.

Teriyaki-Burger

 In 10 Minuten vorbereitet

 5 Minuten Kochzeit

 Für 4 Personen

Buns
× 4

Hacksteak
× 4 mit je 150 g

Teriyaki-Sauce
120 ml

kleiner Weißkohl
× ½

Aioli
5 Esslöffel

neutrales Öl
2 Esslöffel

- Den Kohl auf dem Gemüsehobel in feine Scheiben schneiden, dann mit dem Aioli vermengen.
- Den Ofen auf 180 °C aufheizen. Die Buns halbieren und 5 Minuten in den Ofen geben.
- Das Öl in einer Pfanne erhitzen, die Steaks von jeder Seite 1 Minute anbraten. Die Teriyaki-Sauce darübergießen, die Hitze hochdrehen und einreduzieren lassen. Die Steaks 2 bis 3 Minuten garen, dabei wenden.
- Den Kohl auf die Buns verteilen, ein Steak darauflegen, dann wieder Kohl. Die Buns zuklappen.

Tunesische Pita

Pitabrote
× 4

kleine Gurke
× 1

Tomaten
× 2 bis 3

mittelgroße, kandierte Zitronen
× 1

Thunfisch in Öl
220 g

frische Harissa
× 1 Esslöffel

In 10 Minuten vorbereitet

5 Minuten Kochzeit

Für 4 Personen

- Die Gurken schälen, die Kerne mit einem Löffel entfernen. Die Gurke und die Zitrone (wahlweise Zitronat) in Würfel schneiden. Die Tomaten in Scheiben schneiden.
- Die Gurke und die Zitrone vermischen, die Harissa und den Thunfisch mit dem Öl hinzugeben. Vermischen und abschmecken. Dem Salat die Tomatenscheiben hinzugeben.
- Die Pitas auf dem Brotgrill oder im Ofen 5 Minuten bei 180 °C aufwärmen.
- Die Pitas großzügig mit dem Thunfischsalat füllen.

Crêpe-Röllchen

Buchweizenfladen
× 4

geräucherter
Kochschinken
× 4 Scheiben

geriebener Comté
300 g

Butter
20 g

Schnittlauch
× 1 Bund

In 10 Minuten vorbereitet

10 Minuten Kochzeit

Für 4 Personen

- Den Ofen auf 210 °C vorheizen. Den Schnittlauch mit der Schere schneiden. Ein paar Stiele zurückbehalten.
- Den Comté und den restlichen Schnittlauch auf den Fladen verteilen. Pfeffern. Die Schinkenscheiben darauf verteilen und vorsichtig aufrollen.
- In gleich große Stücke schneiden und auf ein nicht zu großes Gratinblech legen, damit sie sich gegenseitig Halt geben.
- Butterstücke hinzufügen und 8 bis 10 Minuten in den Ofen geben. Mit etwas fein geschnittenem Schnittlauch servieren.

Flammkuchen

In 5 Minuten vorbereitet

10 Minuten Kochzeit

Für 2 bis 4 Personen

Pizzateig, rechteckig
× 1

Crème fraîche
2 bis 3 Esslöffel

Speckstreifen
150 g

Zwiebel
× 1

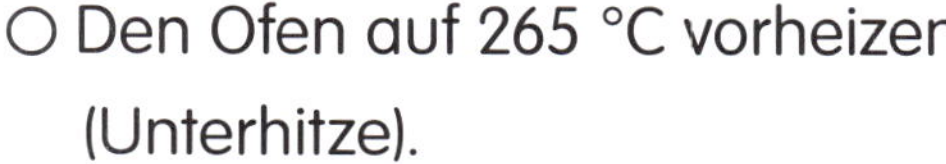

- ○ Den Ofen auf 265 °C vorheizen (Unterhitze).
- ○ Die Zwiebel fein schneiden. Den Pizzateig ausrollen und glattrollen.
- ○ Auf ein Blech legen und die Crème fraîche mit dem Löffel darauf verteilen. Die Zwiebel und die Speckstreifen darauf verteilen. Pfeffern.
- ○ Für 10 Minuten in den Ofen geben und das Blech nach der halben Backzeit umdrehen.

Feine Tarte mit Tomaten und Ziegenkäse

In 5 Minuten vorbereitet

10 Minuten Kochzeit

Für 4 Personen

Pizzateig, rechteckig
× 1

Auberginenkaviar
250 g

gemischte Tomaten
× 5 bis 6

kleiner, trockener Ziegenkäse
× 1

Basilikum
× 1 Bund

- Den Ofen auf 250 °C vorheizen (Unterhitze).
- Die Tomaten waschen und in Scheiben schneiden. Mit dem Sparschneider Chips aus dem Ziegenkäse herstellen.
- Den Pizzateig ausrollen. Mit der Gabel einstechen und etwa 8 Minuten in den Ofen geben. Die Oberseite muss goldgelb sein.
- Den Auberginenkaviar darauf verteilen. Mit den Tomaten und den Ziegenkäse-Chips belegen. Mit den gezupften Basilikumblättern bestreuen.

56

Weisse Pizza mit Artischocken

Pizzateig, rechteckig
× 1

Artischocken in Öl
× 1 Glas mit 300 g

Knoblauch
× 1 Zehe

Champignons
× 3

glatte Petersilie
× 4 Stiele

Parmesan
40 g

In 5 Minuten vorbereitet

10 Minuten Kochzeit

Für 4 Personen

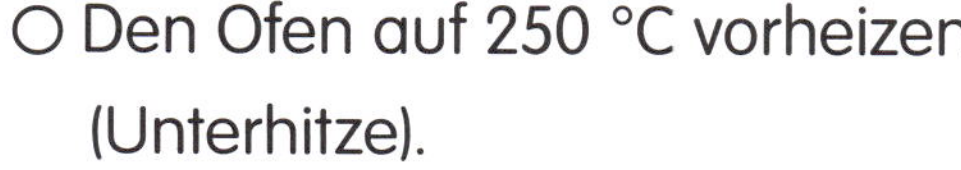

○ Den Ofen auf 250 °C vorheizen (Unterhitze).

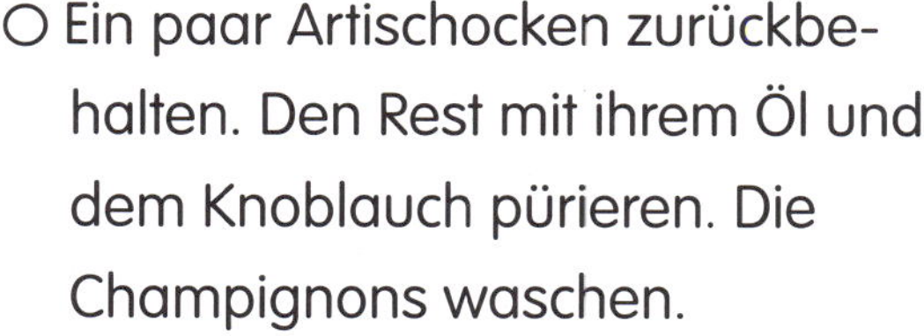

○ Ein paar Artischocken zurückbehalten. Den Rest mit ihrem Öl und dem Knoblauch pürieren. Die Champignons waschen.

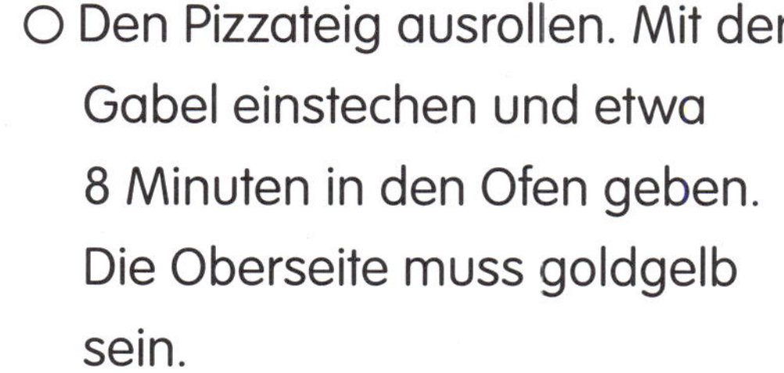

○ Den Pizzateig ausrollen. Mit der Gabel einstechen und etwa 8 Minuten in den Ofen geben. Die Oberseite muss goldgelb sein.

○ Die Artischockencreme auf der Pizza verteilen. Die Champignons fein schneiden. Mit den zurückbehaltenen Artischocken auf der Pizza verteilen. Mit Petersilie und Parmesan bestreuen.

Pizza mit Speck und Rucola

In 5 Minuten vorbereitet

8 Minuten Kochzeit

Für 1 bis 2 Personen

runder Pizzateig
× 1

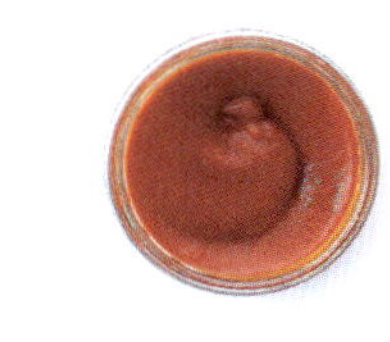

Pizzasauce nach Wahl
100 g

Speck
× 4 dünne Scheiben

Rucola
50 g

Olivenöl
2 Esslöffel

Parmesan
20 g

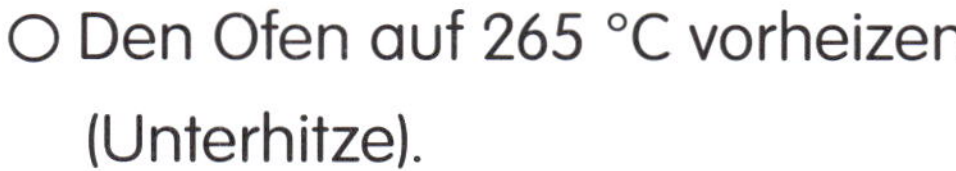

- Den Ofen auf 265 °C vorheizen (Unterhitze).

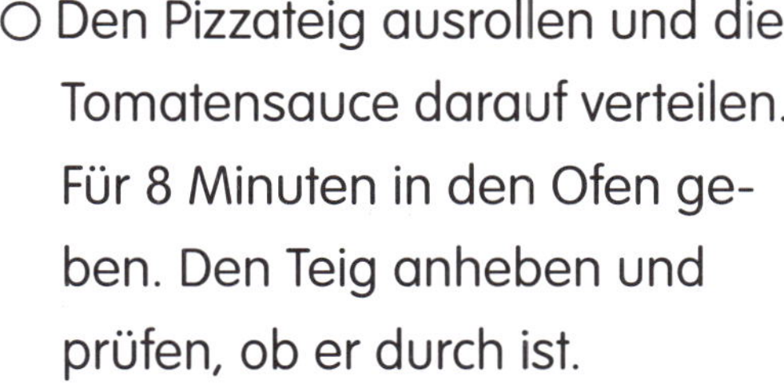

- Den Pizzateig ausrollen und die Tomatensauce darauf verteilen. Für 8 Minuten in den Ofen geben. Den Teig anheben und prüfen, ob er durch ist.
- Den Speck, den Rucola und den in Chips geschnittenen Parmesan hinzugeben. Pfeffern, einen Schuss Olivenöl hinzugeben.
- Für die Feinschmeckervariante Kirschtomaten und Balsamicoessig hinzugeben.

Schokoladenkuchen mit flüssigem Kern

 **In 10 Minuten vorbereitet**

 **7 Minuten Kochzeit**

 **Für 6 Personen**

dunkle Schokolade
200 g

Butter
70 g

Zucker
70 g

große Eier
× 4

Mehl
50 g

- Den Ofen auf 220 °C vorheizen. 6 Förmchen mit ca. 7 cm Durchmesser mit Butter einstreichen und mit Mehl ausstreuen.
- Die Schokolade in Stücke brechen und zusammen mit der Butter 1 Minute in der Mikrowelle (900 W) schmelzen.
- Den Zucker und die Eier aufschlagen. Die Schokolade und anschließend das Mehl unterheben.
- In die Förmchen gießen und 7 Minuten backen. 2 Minuten warten, wenn die Küchlein aus der Form genommen werden sollen.

Knuspersplitter

 **In 10 Minuten vorbereitet**

 **5 Minuten Ruhezeit**
1 Minuten Kochzeit

 **Für 4 Personen**

Waffelröllchen
70 g

Vollmilchschokolade
100 g

- Die Schokolade 1 Minute in der Mikrowelle (600 W) schmelzen lassen). Glatt rühren.
- Die grob zerkleinerten Waffelröllchen hinzugeben. Umrühren, sodass die Waffelröllchen mit Schokolade bedeckt sind.
- Mit Hilfe von 2 Löffeln Häufchen formen und in Papierförmchen oder auf ein kleines Tablett legen. 5 Minuten in den Gefrierschrank stellen.
- Die Schokolade kann auch durch Nougatmasse ersetzt werden.

Montblanc-Express

Espresso
× 4

großes Baiser
× 1

Maronencreme
100 g

Schlagsahne
150 ml

Rum
2 Esslöffel

In 10 Minuten vorbereitet

Ohne Kochen

Für 4 Personen

- Die Schlagsahne steifschlagen.
- Vorsichtig die Maronencreme und den Rum mit einem Teigschaber unterheben.
- Espresso-Kaffees in großen Tassen oder Bechern zubereiten. Das Baiser zerbröseln.
- Abwechselnd eine Schicht Creme und eine Schicht Baiser in jede Tasse geben. Sofort servieren.

Eton-Mess

In 10 Minuten vorbereitet

Ohne Kochen

Für 4 Personen

große Baisers
× 2

Himbeeren
250 g

Schlagsahne
400 ml

Zucker
40 g

- Ein paar Himbeeren für die Dekoration zurückbehalten. Die restlichen Himbeeren mit 30 g Zucker mit einer Gabel zerdrücken.
- Das Baiser in kleine Stücke schneiden. Die Sahne mit dem restlichen Zucker schlagen.
- Abwechselnd eine Schicht Baiser, eine Schicht Creme und eine Schicht Himbeeren in Gläser verteilen. Mit den ganzen Himbeeren dekorieren. Sofort servieren.

Schoko-Cookie aus der Tasse

In 5 Minuten vorbereitet

1 Minute 30 Sekunden Kochzeit

Für 2 Personen

Butter
30 g

Rohrzucker
20 g

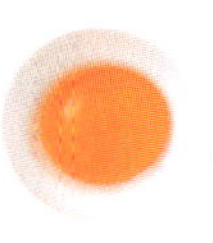

Eigelb
× 2

Mehl
60 g

Schokotropfen
3 Esslöffel

Vanillezucker
× 1 Tüte

- In einer Schale die Butter in der Mikrowelle 30 Sekunden schmelzen (900 W).
- Den Zucker und dann das Eigelb hinzugeben und vermengen. Das Mehl und dann die Schokotropfen unterheben.
- Den Teig in zwei Becher oder Tassen verteilen. 1 Minute (800 W) garen.
- Sofort servieren.

Banker-Becher

In 5 Minuten vorbereitet

2 Minuten Kochzeit

Für 2 Personen

Butter
30 g

Puderzucker
15 g

Eiweiß
× 1

Mehl
20 g

gemahlene Mandeln
25 g

gefrorene Heidelbeeren
25 g

- In einer Schale die Butter in der Mikrowelle 30 Sekunden schmelzen (900 W).
- In einer anderen Schale das Mehl, die gemahlenen Mandeln und den Puderzucker vermischen. Das Eiweiß unterheben, dann die geschmolzene Butter. Zum Schluss die Heidelbeeren hinzugeben.
- Den Teig in zwei Becher oder Tassen verteilen. 1 Minute 30 Sekunden (800 W) garen.
- Sofort servieren.

Kokossplitter

In 10 Minuten vorbereitet

10 Minuten Kochzeit

Für 16 Stück

geraspelte Kokosnuss
125 g

Zucker
70 g

Eiweiß
× 2

Apfelmus
1 großer Esslöffel

- Den Ofen auf 200 °C vorheizen. Alle Zutaten in einer Salatschüssel ververmischen.
- Mit Hilfe von zwei Esslöffeln kleine Häufchen formen und auf ein mit Backpapier ausgelegtes Blech setzen.
- Für 10 Minuten in den Ofen geben und das Blech nach der halben Backzeit umdrehen.

Frozen Yogurt

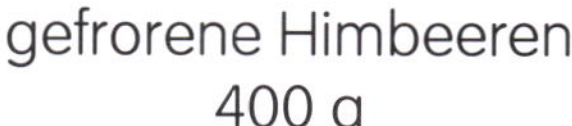

gefrorene Himbeeren
400 g

griechischer Joghurt
400 g

Honig
4 Esslöffel

In 5 Minuten vorbereitet

Ohne Kochen

Für 4 Personen

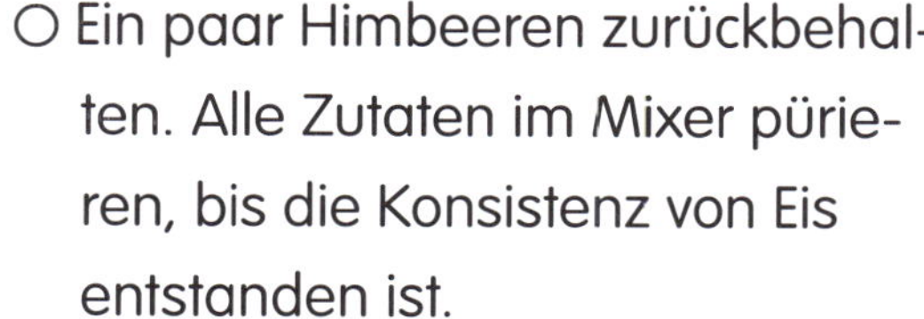

- Ein paar Himbeeren zurückbehalten. Alle Zutaten im Mixer pürieren, bis die Konsistenz von Eis entstanden ist.

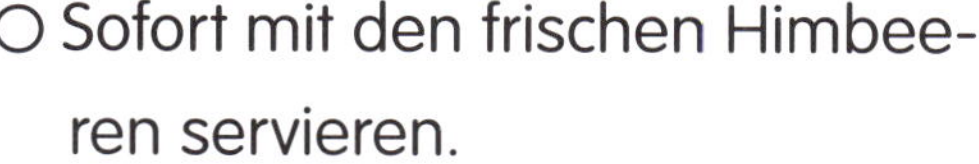

- Sofort mit den frischen Himbeeren servieren.

Magic Pancakes

In 5 Minuten vorbereitet

2 Minuten Kochzeit

Für 12 Pancakes

große Banane (180 g)
× 1

Eier
× 3

Erdnussbutter
60 g

Ahornsirup
zum Servieren

- ○ Die Banane mit der Erdnussbutter im Mixer pürieren.
- ○ Die Eier hinzugeben und erneut pürieren.
- ○ Eine beschichtete Pfanne erhitzen. Mit dem Löffel kleine Teighäufchen darin absetzen. Etwa 1 Minute auf jeder Seite backen.
- ○ Sofort mit Ahornsirup servieren.

Feine Schokocreme

In 5 Minuten vorbereitet

2 Minuten Kochzeit

Für 2 bis 4 Personen

dunkle oder Vollmilchschokolade
120 g

Seidentofu
200 g

- 100 g Schokolade zerkleinern. Die Schokolade 2 Minuten in der Mikrowelle (600 W) schmelzen lassen.
- Den Tofu 1 Minute mit einem Handmixer pürieren.
- Die geschmolzene Schokolade hinzugeben und 2 Minuten pürieren.
- Sofort mit der restlichen geriebenen Schokolade servieren.

de BUYER
MADE IN FRANCE

Arme Ritter mit Nutella®

Weißbrot
× 4 Scheiben

Nutella®
4 Teelöffel

Ei
× 1

Milch
50 ml

Butter
25 g

In 5 Minuten vorbereitet

5 Minuten Kochzeit

Für 2 bis 4 Personen

- Milch und Ei mit einer Gabel verquirlen.
- Die Weißbrotscheiben mit einer Walze glätten. Die Ränder abschneiden. Nutella® auf der Hälfte der Weißbrotscheiben verteilen und diese aufrollen.
- Die Butter in einer Pfanne erhitzen. Die Rollen in der Eizubereitung einweichen und dann in der Pfanne etwa 1 Minute von jeder Seite goldgelb anbraten.
- Sofort servieren.

Gebackene Bananen

Bananen
× 2

Butter
25 g

Rum
30 ml

Kokosmilch
100 ml

Rohrzucker
10 g

 **In 5 Minuten vorbereitet**

 **5 Minuten Kochzeit**

 **Für 2 bis 4 Personen**

- Die Bananen halbieren.
- Die Butter in einer Pfanne erhitzen. Die Bananen hinzugeben und mit Zucker bestreuen. Bei starker Hitze karamellisieren lassen.
- Den Rum hinzugeben, dann die Kokosmilch. 1 Minuten einreduzieren lassen.
- Sofort servieren.

Was macht man womit?

Die Originalausgabe erschien 2017 unter dem Titel: *Cuisiner en 10 min Super Facile*

www.librero-ibp.com

Produktion der deutschsprachigen Ausgabe:
Tanja Timmerman vertaling & redactie
Übersetzung: Judith Muhr
Satz: -Lein I redactie & vormgeving

Printed by GPS Group

ISBN: 978-94-6359-227-7